Christian Vidal

SI T'ES FILOU...

Poésie performance

le silence est encore

la réponse du vent ,

comme un double trésor

a valeur d'argument !

Table des matières

Préliminaires

Si le silence est rame

L'argent est un bateau,

pour ne point couler l'âme

mieux vaut être rat d'eau.

Il y a l'or nique art

dans le mets où est d'oncques,

en grammaire de star

qui perce son furoncle...

tout est en conjonction

de ce qui coordine

les temps d'évolution

de ce monde machine.

Le silence est Angkor

L'appât rôle des gens !

Dans le fond des amphores

L'éloquence d'antan...

Pré ambulatoire

C'est dans l'esprit flottant

qu'on jette canne à pêche,

poésie de l'enfant

que jamais rien n'empêche.

Poésie de philo

qui cherche vérité,

au gré du fil de l'eau

du temps qui s'est noyé.

Poésie de folie

qui pourtant se dépêche,

dans un forclos joli

des rigueurs de la dèche.

Poésie des raisons

qui incite la mémoire,

à prélever les sons

de cette beauté rare.

Poésie de moisson

dans son coupé des blés,

vendeur de quatre-saisons

d'un verbe respiré.

Poésie de l'instant

qui vient tendre ses bras,

carpé d'y aime du vent

d'un baiser d'ode là....

Poésie du mot ment

dans un vu entendu,

du rire des mamans

dans le su lu vécu.

Poésie théorème

qui vient donner le la,

jusque dans les phonèmes

du glacé de l'effroi.

Pro du verbe !
Si le silence aime or

la parole est dedans,

comme un joyeux ressort

de l'âme firmament.

Le silence est un sort

de paroles en deux temps,

bravant la métaphore

de nos enterrements !

Si le silence est mors

la parole est de dent !

discours en contrefort

de l'âme perdu d'enfant.

Le silence est un port

dont les reflets d'argent,

se mirent en Bosphore

en d'étroits confluents.

Mais si la pièce est d'or

elle reste de l'argent !

Un trébuché sonore

vœu nu du fond d'étang !

Le silence est en corps

le monde de l'ardent

en valeur de phosphore

des cerveaux du récent.

Le silence c'est encore

un empêché du dire,

adieu tous les ponts d'or

vivons dans le désir !

Alors on lance un vœu

qui reste vol honté !

Entre le faire et dire

de l'urgent de l'orgé !

Laure des braves

Question de dire FR !

Question de caisse à dire !

c'est en nage de faire

qu'il me faut vous l'écrire !

Si le si lance et dort

L'appât rôle est d'art gens !

Et si le dire mord

le silence est mordant !

Je suis vide alchimique

et parle en mon sommeil ,

le plomb des rhétoriques

est un hors de l'éveil...

Tout est contradiction

voire même en paradoxe,

la pub a ses motions

au goût de Viandox !

Les mots ont la saveur

des ors de république

L'argent n'a pas d'odeur

il en est famélique.

Les couleurs aurifères

dans le verbe du dire

plonge l'argent vulgaire

dans notre humour du rire.

Ya du hé ! Dans l'argu

qu'il faut interpeller !

Queneau est à la rue

il faut tout recompter !

Provençal de l'écrit

là où l'or est caché,

Il y a l'argutie

pour les billevesées !

Et pour ce qui se mouche

il y a lents culs laids !

En fin d'envoi je touche

jura des reculées !

Nous sommes compères loriot

en majesté de cygne,

L'argent ce n'est qu'un mot

car c'est l'or qui nous signe.

Tout est en chose sure

et en bonne pommade,

on crie « Vive Saussure » !

on porte l'estocade.

Midas en Ponce Pilate

c'est quelque peu osé !

L'encens dilate la rate

pour le dire du penser.

Tout n'est que jeu de rôles
en un désir de fer,
on touche le pactole
FDJ des enfers !

Nous sommes corps nichons
dans le no comprende !
To biche or not to biche
it's not du franglais !

Aimer dans l'hors du temps
c'est entrer au spatial,
respirer à l'encan
bons dieux, je suis nord mâle !

Ainsi le dieu renard
se flatte de l'Angkor beau,
commerçants du dollar
les hyènes ont le bon dos !

Le vin roule son or

et cuve sa pléthore !

Poésie, baud de l'air !

Revoici notre FR !

C'est Laure que je préfère

en rime de poète,

Dard Jean de l'âme à tiers

à lui boire sa fête !

Prendre le T elle fit !

En feuilletant son dico !

et mon rêve s'enfuit

pour l'amour d'un écho...

Comment relever France

en offrant son écot ?

Cherchons les occurrences

et faisons un dépôt !

La langue est un filon

pour ministre de l'hors.

Le scombre est un poisson

qui rêve en ombre d'or !

Format de carte bancaire

de l'argent tout puissant !

souffrons dans le précaire

de ce décor du tant !

Épais tri de la boue

et Jean né fée de l'or,

en levée des écrous

il est devenu Laure !

Garder de sa métrique

ou sacrifier la rime ?

Pour quelques coups de trique

au Rhin de nos abîmes !

Et si l'art est public

on nous vend du « rizorte » !

Jacques Brel est unique

Dalida on l'exhorte !

Ainsi pour le dé dire

il y a l'expression,

d'une volonté de rire

en hasard d'invention.

Et tout va à vaut l'or !

d'un silence du faire

Par lol de l'aurore

en volonté du taire !

Et tout va à vous Laure !

En six lances de fer,

paroles de leur or

envol honté d'éther !

Serai-je bon gagneur

en Hermès verge d'or ?

décoré de l'honneur

en médaille Pandore !

Je reste chocolat

en molle clé de toi,

je croque du nougat

en sésame d'ouvre-moi !

Prenez en de la graine !

c'est un amour pour toi,

dans le temps qui s'égrène

l'orée d'amour courtois !

Laure est d'amour pour soi

je suis son Chrysostome,

convoitise des froids

du bonheur chromosome.

Si l'or est une alliance

ce n'est pas de l'alliage,

en volonté d'aisance

de sept ans de naufrage.

La parole est à vent

des moulins de plaisance,

dans la livrée des grains

de nos temps de romances.

Dans le métal précieux

du dire de le faire,

L'amour est un curieux

qui promène aux enfers.

Béatrice de feu

est la fée de l'écrire,

Dante le vigoureux

c'est la force du dire.

Et si Barthes se déchaîne

d'un or qui s'est fondu,

discours d'amour sans haine

est fragment du fendu.

Infernale mine d'or

qui pousse son chariot,

pour l'amoureux décor

il est là le magot !

Et ainsi se répète

en un monde d'un fini,

le long cri du poète

dans la nuit qui jouit...

Le dire inaugural

Il y a dans l'heureux tard

quelque chose qui se dit,

comme un chemin de faire

qui trouve son maudit !

Faut-il prendre au sérieux

ce thème philosophique ?

Les printemps orageux

gouvernent la panique !

Le faire suppose l'obstacle

et le dire est un tacle !

La vérité sur terre

a besoin d'être intacte.

La coupure est rupture

et protège le sur,

L'unité nous rassure

et détruit les fêlures.

Plaidoyer du vivre

Un début d'exposé

qui s'affiche en critique

histoire d'autres rois

débat philosophique !

Il y a plaidoyer

pour un souci d'intime

à ne rien séparer

faire et dire s'estiment !

C'est un bon sentiment

pétri de l'humanisme

on en sort en rêvant

en joie de vital isthme.

Les arguments sans chaîne

dans le dire du langage !

La rhétorique est reine

dans le fer de l'engage !

On critique le poème !
Il est sans vérité !
Quel est cet anathème
au flanc de l'existé ?

La césure est rupture
elle est un taux d'usure !
L'unité nous rassure
et protège des fêlures.

Et le discours milite
pour la mise en avant
d'une relation pépite
de nos deux signifiants !

Dans un coquin de sort
le dire s'intériorise
le faire est au dehors
et se matérialise !

C'est la métaphysique

qui reprend des couleurs,

la vie concept unique

en parterre de fleurs..

L'orateur est adroit

et creuse son sillon

la mort n'a pas le choix

la vie est un lampion !

Et ce qui s'explicite

dans le dire et le fer

est question de limite

pas de loi en enfer !

Le vivre reste critique

en modèle déposé

la mort a son invite

qu'il nous faut refuser !

Avis personnel

Distinguo du désir

dans le dire et le faire

ça reste compliqué

de bien tout désigner.

Alors je prends l'amour

comme l'unique exemple

le dire est un effet

qui permet de le faire !

Et à vouloir le faire

on risque le refus

dans les sottes manières

et le bien entendu.

Quand l'autre se dédit

en vide de l'engage,

On est quand même nu

au vivre du langage.

Tout reste friandises

et gourmand pour les fées,

car les faits se dédisent

et le dire se défait...

Tout n'est que mignardises

et probant dans les faits

car les fées se médisent

et le dire se délaie.

Si on peut toujours fuir

ce n'est pas souhaité,

car dans le revenir

les démons tirent les pieds !

En absence de foi

on peut rester courtois,

en souci de distance

et d'un peu d'élégance...

Paroles analytiques

Magnifique duo

comme un corps de ballet

qui va en crescendo

d'une émission gaieté !

Merveilleuse Colette

qui est à voir solaire !

Ses mots sont une fête

pour l'esprit qui espère.

Voilà qui nous grandit

Nous entrons en sol air,

Lévitons dans nos nuits

en conscience de nerf !

Si l'on n'est point gentil

on pourrait dire sot l'air !

Comme les abrutis

qui se rate en l'ovaire !

Trêve de plaisants tris
abordons bien la rose,
dans tout ce qui se dit
pour les peurs de la chose.

Énoncé d'un discours
dans sa simplicité,
c'est Lacan qui accourt
dans le verbe des mais...

Tout vient de la parole
qui pleine s'institue,
et dans un je de drôle
tout à coup se transmue.

C'est là une historique
une démarche en pas,
dans le catatonique
la parole est trépas !

C'est l'association

qui tient lieu de méthode,

libre compréhension

vaut mieux que l'électrode !

Nous rendons grâce aux deux !

A Freud et son synode,

et pour le bond laquant

le discours se rôde !

Et si Joyce s'invite

par le biais de l'Adèle,

James son ton qui lévite

en prose d'éternel !

Ainsi le féminin

dans l'homme coexiste,

comme heureux parchemin

d'un poète « so dixit ».

Joyce chaînon manquant
d'une Lacan théorie
c'est un effet dansant
Jacquot danse à folie !

Et comme on fait son lit
L'analysant s'arrange
d'un bon mot sur l'esprit
que plus rien ne dérange.

Si psychose est ravage
elle est bonheur de rite,
pas de cerveau lavage
pour les météorites !

Fonction de la parole
ça veut dire qu'elle serre,
au plus près du sujet
dans le mode sincère.

La vérité est là

elle est dans l'ami-dire !

Impossible d'ode là

que rien ne peut médire !

Le sujet va tomber

en effet de surprise,

la parole est donnée

en fait de l'analyse.

Les cures analytiques

sont bains de la jouvence,

et les désirs et tics

sont des tocs en souffrance !

Difficulté de vivre

symptômes dans le rance,

la parole délivre

des effets de l'errance.

On dit que ce l'engage
est fée de l'inconscient,
en structure sans âge
venue du fond des temps.

Et on chante grammaire
ce qui nous a construit,
dans le soumis amer
de l'imposé des dires.

Les phrases sont équivoques
et bouleversent les sens,
c'est l'autre qu'on convoque
en témoin de présence.

La pensée s'accélère
et bloque le défaire,
paroles des enfers
que l'on aimerait taire !

L'analyse est un fer

une volonté de rail,

décrire en lâcher faire

paysage qui défaille...

Et c'est un beau voyage

qui respire l'allongé,

divan de l'amour sage

par le verbe éclairé !

Qu'est ce qui nous retient

si ce n'est le « nawak » ?

Oukase des aurochs

qui craignent le tomahawk !

On ne parle pas seulement

il y a toujours un autre,

en pouvoir d'auditant

qui tape à notre porte !

On transfère son surmoi

on se rigidifie,

on a peur des émois

d'une cure en furie !

Jamais une parole

ne reste sans réponse,

même dans le silence

ou la pensée absconse.

Et le long des semaines

il arrive qu'on pense,

à nos désirs de haine

que nos chaînes compensent.

S'il y a guérison

c'est un surcroît de chance,

d'un sinthome en raison

qui pause les souffrances.

Le rôle de l'analyste ?
Pointer notre inconscient,
à l'échappée d'un dire
de ce corps défendant !

Parole structurée
qui s'ouvre en signifiance,
de nos mots complexés
des pulsions de l'enfance.

Ainsi quand tout est dit
il reste une béance,
un rire qui se sourit
il n'y a pas d'avance !

Et c'est l'heure du faire
dans l'enfin s'accomplir,
sur une terre plus légère
qui redevient plaisir.

Quand l'amour signe

Une fois deux amoureux

dialoguaient par signes,

dans le tout près de moi

d'une table voisine.

J'étais bien occupé

de ranger mon travail,

mais je les entendais

par ces voies qui déraillent.

Et tout était touchant

en curieuse musique,

ces deux là, ils s'aimaient

dans un ton synchronique.

Je les ai regardé

frissonnant de plaisir,

mon cœur était ciblé

comme bateau chavire.

Et j'écoutais leurs gestes

en tête d'impudique,

L'amour chef d'orchestre

c'est du «so romantic» !

D'avoir baissé la tête

j'ai su la relever,

à l'instant de ce fait

ils se sont embrassés.

Nous sommes êtres parlants

de multiples façons,

cet exemple est troublant

il m'a valu leçon !

Et d'être si ému

j'ai décidé d'écrire,

cet instant de vécu

et puis de leur offrir...

Remerciements

Spécial thanks à Cité Philo, à Mr Bernard Cerquiglini, à Mr Frédéric Worms et à Me Colette Soler., dans l'ordre d'apparition sur l'écran de ma vie...

Merci aussi à Mr Martin Granger, Mr Stéphane Chaudier, Mr Pierre-Henri Castel et Me Adèle Van Reeth.

 Merci à moi-même et à l'insuccès que la bévue scelle amour !

Si t'es filou – Poésie performance –

1ère édition – Novembre 2019 Dépôt légal 31/11/2019. N°ISBN : 979-10-93697-14-7

« *Si t'es filou* »

Une performance poétique

de Christian Vidal

Ce recueil résulte d'une poésie performance opérée dans le cadre de Cité Philo Lille 2019. Dire et faire c'est écrire et cela produit " sainte aise " de l'entendu. Que dans l'un conscient cela soit compris ou pas a peu d'importance. Il reste un sentiment d'étrange bonheur jouissance et plaisir à lire ou à relire.

Parole structurée

qui s'ouvre en signifiance,

de nos mots complexés

des pulsions de l'enfance.

Préliminaires – Pré ambulatoire - Pro du verbe !

Laure des braves - Le dire inaugural

Plaidoyer du vivre - Avis personnel

Paroles analytiques

En bonus : Quand l'amour signe.

Éditions Zibouk - Poesiefuture.com

3 avenue de la Bretagne 59000 Lille